BEI GRIN MACHT SICH IHR WISSEN BEZAHLT

AF145773

- Wir veröffentlichen Ihre Hausarbeit,
  Bachelor- und Masterarbeit

- Ihr eigenes eBook und Buch -
  weltweit in allen wichtigen Shops

- Verdienen Sie an jedem Verkauf

Jetzt bei www.GRIN.com hochladen und kostenlos publizieren

Bibliografische Information der Deutschen Nationalbibliothek:

Die Deutsche Bibliothek verzeichnet diese Publikation in der Deutschen National-
bibliografie; detaillierte bibliografische Daten sind im Internet über http://dnb.d-
nb.de/ abrufbar.

Dieses Werk sowie alle darin enthaltenen einzelnen Beiträge und Abbildungen
sind urheberrechtlich geschützt. Jede Verwertung, die nicht ausdrücklich vom
Urheberrechtsschutz zugelassen ist, bedarf der vorherigen Zustimmung des Verla-
ges. Das gilt insbesondere für Vervielfältigungen, Bearbeitungen, Übersetzungen,
Mikroverfilmungen, Auswertungen durch Datenbanken und für die Einspeicherung
und Verarbeitung in elektronische Systeme. Alle Rechte, auch die des auszugsweisen
Nachdrucks, der fotomechanischen Wiedergabe (einschließlich Mikrokopie) sowie
der Auswertung durch Datenbanken oder ähnliche Einrichtungen, vorbehalten.

Impressum:

Copyright © 2016 GRIN Verlag, Open Publishing GmbH
Druck und Bindung: Books on Demand GmbH, Norderstedt Germany
ISBN: 9783668285651

Maria Stahl

Trainingsplanung anhand der ILB Methode. Trainings-lehre I

GRIN Verlag

GRIN - Your knowledge has value

Der GRIN Verlag publiziert seit 1998 wissenschaftliche Arbeiten von Studenten, Hochschullehrern und anderen Akademikern als eBook und gedrucktes Buch. Die Verlagswebsite www.grin.com ist die ideale Plattform zur Veröffentlichung von Hausarbeiten, Abschlussarbeiten, wissenschaftlichen Aufsätzen, Dissertationen und Fachbüchern.

Besuchen Sie uns im Internet:

http://www.grin.com/

http://www.facebook.com/grincom

http://www.twitter.com/grin_com

Trainingslehre I – Einsendeaufgabe Juni 2016

Deutsche Hochschule für Prävention

und Gesundheitsmanagement

Inhaltsverzeichnis

1 Teilaufgabe 1 – Diagnose

1.1 Allgemeine und biometrische Daten

Tab. 1: Allgemeine und biometrische Daten der Testperson (eigene Darstellung).

Alter	19
Geschlecht	Weiblich
Körpergröße	1,62 Meter
Körpergewicht	57 Kilogramm
Trainingsmotive	Muskelaufbau, Fettreduktion, Rücken kräftigen
Berufliche Tätigkeit	Studentin
Frühere sportliche Aktivitäten	2003 – 2013 reiten (1- 2 mal in der Woche)
Aktuelle sportliche Aktivitäten	Seit 2014 Krafttraining (2-3 mal in der Woche) ohne systemische Trainingsplanung. Inhalt: 1-2 mal pro Woche Ganzkörpertraining Kraftausdauer, 1 mal pro Woche Intervall Ausdauertraining 20-30 Minuten auf dem Laufband.
Zeitlicher Verfügungsrahmen	3 mal pro Woche
Körperfettanteil	24,1%
Muskelmasseanteil	40,2%
Blutdruck	Systolischer Blutdruck: 123mmHg/ diastolische Blutdruck: 81mmHg
Allgemeiner Gesundheitszustand	Leichte Schmerzen im unteren Rücken nach längerem stehen. Auf einer Skala von eins bis zehn, würde die Kundin diesen Schmerz mit einer 4 bewerten. Ansonsten besteht eine gute allgemeine Fitness.
Sonstige gesundheitliche Einschränkungen	Keine Einschränkungen vorhanden.

1.1.1 Bewertung des Blutdrucks

Der Blutdruck der Kundin liegt bei 123/81 mmHg. Betrachtet man nun die Normwerte der dargestellten Tabelle 2 ist deutlich zu erkennen, dass der Blutdruck als ein normaler eingestuft werden kann. Somit liegt keine Gefahr hinsichtlich auf das Krafttraining vor.

Tab. 2: Blutdruck Normwerte (modifiziert nach onmed.de)

	systolisch (mmHg)	diastolisch (mmHg)
optimaler Blutdruck	< 120	< 80
normaler Blutdruck	120-129	80-84
hoch-normaler Blutdruck	130-139	85-89
milde Hypertonie (Stufe 1)	140-159	90-99
mittlere Hypertonie (Stufe 2)	160-179	100-109
schwere Hypertonie (Stufe 3)	>= 180	>= 110

1.1.2 Bewertung des allgemeinen Gesundheitszustandes

Eine Eingangsuntersuchung bei einem Sportarzt fand vor dem Eingangsgespräch statt. Aus dieser Untersuchung geht hervor, dass die Kundin keine orthopädischen, sowie internistischen Probleme aufweist. Der teilweise leichte Schmerz im unten Rücken ist auf eine schwache Muskulatur zurückzuführen. Außerdem werden keine Medikamente eingenommen.

1.2 Krafttestung anhand des X-RM-Test

1.2.1 Begründung des Testverfahrens hinsichtlich der Leistungsstufe des Kunden

Zur Auswahl steht der Maximalkraft, Mehrwiederholungskrafttest und die Intensitätsbestimmung über das subjektives Empfinden.

Der 1-RM-Test (Maximalkrafttest) wird ausgeschlossen, da die Kundin bisher ohne systemische Trainingsplanung trainiert. Die Person hat zwar bereits Erfahrungen im Krafttraining, jedoch sind diese nicht ausreichend genug, um den Krafttest mit seiner hohen mechanischen Belastung ohne Probleme bewältigen zu können.

Ebenso wird der Krafttest anhand des subjektiven Empfindens ausgeschlossen, da eine Belastung subjektiv schwer einzuschätzen ist und die Gefahr einer Über- oder Unterforderung zu hoch ist.

Somit wird zur Bestimmung der Kraftleistung der Testperson der Mehrwiederholungskrafttest gewählt. Bei diesem Krafttest wird das maximal zu bewältigende Gewicht bei einer bestimmten Wiederholungszahl ermittelt. Die Kraft der Testperson kann mit diesem Test am genausten getestet werden, da bei dieser Methode im Vergleich zu den zwei anderen weniger Störfaktoren auftreten.

1.2.2 Testablauf

Der Krafttest wird an einem Donnerstagabend durchgeführt. Die Kundin gab an, dass sie in Zukunft immer abends trainieren möchte. Somit ist es sinnvoll, dass der Krafttest an einem Abend durchgeführt wird, damit annähernd gleiche Bedingungen für das spätere Training geschaffen werden können.

Der Test beginnt mit einem kurzen allgemeinen Aufwärmen von circa fünf bis zehn Minuten bei 70 rpm auf dem Fahrrad (sitzend), welches die Kundin nicht zu einer Erschöpfung führen darf. Anschließend findet das spezielle Aufwärmen statt, was an die Übung angepasst ist, um den Körper auf den bevorstehenden Bewegungsablauf vorzubereiten, hier wird circa 50% des abgeschätzten Maximalgewichtes verwendet.

Nachdem das spezielle Aufwärmen beendet ist, beginnt die eigentliche Testphase. Es finden maximal 3 Testsätze pro Übung statt, um das Maximalgewicht zu ermitteln. Sobald die Kundin die zuvor festgelegte Wiederholungszahl nicht über- oder unterschreitet und damit die Übung technisch ordentlich durchführt, kann das Maximalgewicht definiert werden.

1.2.3 Darstellung der Testergebnisse

Tab. 3: Testergebnisse des X-RM-Tests (eigene Darstellung).

Testübung	Wiederholungen	1. Testsatz	2. Testsatz	3. Testsatz	Ergebnis
Kniebeuge breit mit Langhantel	12	30 kg	40 kg		40 kg
Ausfallschritte mit Langhantel	12	10 kg	20 kg		20 kg
Latziehen am Kabelzug zur Brust mit breitem Griff	12	20 kg	30 kg	35 kg	35 kg
Rudern eng am Kabelzug V-Griff	12	25 kg	35 kg	45 kg	45 kg
Kreuzheben	12	20 kg	30 kg	40 kg	40 kg
Flachbankdrücken mit Langhantel	12	15 kg	20 kg	25 kg	25 kg
Frontrudern mit der Langhantel im breiten Griff	12	10 kg	15 kg		15 kg
Seitstütz mit Rotation und Kurzhantel	12	2 kg	4 kg	8 kg	8 kg
Rumpfbeugen an der Bauchmaschine	12	10 kg	15 kg	20 kg	20 kg

1.2.4 Schlussfolgerungen für die weitere Trainingsplanung

Ein Norm- bzw. Referenzwertvergleich in Bezug auf den X-RM-Test ist nicht möglich, da viele verschiedene Einflussfaktoren wie zum Beispiel das Alter, Geschlecht und der Leistungszustand, aber auch äußere Einflussfaktoren wie zum Beispiel der Zeitpunkt der Testung, auf die Messung einwirken und somit die Ergebnisse verfälschen können.

Jedoch ist der X-RM-Test für die Intestitätsbestimmung der Übungen im Mesozyklus nützlich. Außerdem wird nach Abschluss eines Mesozyklus der zuvor beschriebene Krafttest erneut durchgeführt, um das optimale Gewicht für den neuen Mesozyklus ermitteln zu können. Sind die Rahmenbedingungen der Abläufe bei späteren Re-Tests nahezu identisch mit dem Eingangstest, so ist ein intraindividueller Leistungsvergleich möglich.

2 Teilaufgabe 2 – Zielsetzung/ Prognose

Tab. 4: Zielsetzung der Testperson (eigene Darstellung).

Inhalt	Ausmaß	Zeit
Muskelaufbau	+ 2 Kg (3,5%) – Tanita Waage	6 Monate
Fettreduktion	-2 Kg (3,5%) – Tanita Waage	6 Monate
Schmerzreduktion in der LWS	- 3 Punkte auf der Skala 1 bis 10 subjektives Empfinden	6 Monate

Bis auf leichte Schmerzen im unteren Bereich des Rückens, welche muskulär bedingt sind, weißt die Kundin keine gesundheitlichen Probleme auf. Innerhalb eines Makrozyklus (6 Monate) sollte es möglich sein durch gezieltes Training 3,5% Muskelmasse aufzubauen, sowie das Körperfett um 3,5% zu senken. Außerdem soll der temporäre Schmerz im Lendenwirbelbereich nach längerem stehen um 3 Punkte auf der Skala von 1-10 des subjektiven Empfindens gesenkt werden.

3 Teilaufgabe 3 – Trainingsplanung Makrozyklus

3.1 Darstellung des Makrozyklus

Tab. 5: Makrozyklus (eigene Darstellung).

	Mesozyklus I	Mesozyklus II	Mesozyklus III	Mesozyklus IV
Dauer	6-8 Wochen	6-8 Wochen	6-8 Wochen	4 Wochen
Trainingsmethodik	Hypertrophietraining	Hypertrophietraining	Hypertrophietraining	Maximalkrafttraining
Organisationsform	Ganzkörpertraining	Ganzkörpertraining	Ganzkörpertraining	Ganzkörpertraining
Häufigkeit/ Woche	3	3	3	3
Übungen/ Muskel	1-3	1-3	1-3	1-3
Sätze/ Übungen	2	2	3	3
Intensität	70-90 % ILB	70-90 % ILB	70-90 % ILB	70-90 % ILB
Wiederholungen	12	10	8	4-6
Satzpause	60 Sekunden	60 Sekunden	60 Sekunden	90 Sekunden
Bewegungstempo	2/0/2	2/0/2	2/0/2	2/0/2

3.2 Begründung der Trainingsmethoden

Der Fokus des Zyklus liegt verstärkt auf dem Hypertrophietraining, um eine Zunahme der Muskulatur schnell zu erzielen und damit die Fettreduktion einzuleiten. Da die Testperson in der Vergangenheit kontinuierlich ein Kraftausdauertraining durchgeführt hat, ist ein sofortiger Einstieg in das Hypertrophietraining möglich. Um die Kraftsteigerung zu intensivieren, wird in dem 4. Mesozyklus ein Maximalkrafttraining stattfinden. Bei dem Maximalkrafttraining besteht das Ziel darin, eine Kraftsteigerung durch die Optimierung der intramuskuläre Koordination zu erreichen.

3.3 Begründung der Belastungsparameter

Pro Woche sind drei Trainingseinheiten vorgesehen. Der Körper hat somit genügend Zeit für die Regeneration und den Muskelaufbau. Da es nach circa einer Stunde Training zu einer katabolen Hormonausschüttung (erhöhte Cortisolproduktion) kommt, werden 1-3 Übungen pro Muskelgruppe durchgeführt. Somit wird eine Über- oder Unterforderung vermieden. Die Satzzahl, sowie die Wiederholungszahl variiert abhängig von der Trainingsmethode und der Intensität. Die Intensität von 70-90% der ILB-Methode ist für die jeweilige Leistungsstufe vorgegeben. Da die Kundin seit circa 2 Jahren Krafttrainingserfahrung hat, wird sie als fortgeschritten eingestuft. In der Tabelle 6 sind die Vorgaben einer Trainingsplanung nach der ILB-Methode zu entnehmen. Die Intensität wird innerhalb von jedem Mesozyklus erhöht, um eine Leistungssteigerung zu erzielen. Das Bewegungstempo ist 2 Sekunden exzentrisch und 2 Sekunden konzentrisch. Für das Trainingsziel „Muskelaufbau" ist dieses Tempo optimal. Außerdem beträgt die Satzpause bei dem Hypertrophietraining 60 Sekunden und bei dem Maximalkrafttraining 90 Sekunden. Diese Zeitangaben wurden gewählt, damit der Muskel sich nach der jeweiligen Belastung erholen kann. Desto höher die Belastung für den Muskel ist, desto länger ist die Satzpause.

Tab. 6: Grobraster zur Trainingsplanung nach der ILB-Methode (modifiziert nach Kraftsport.de).

Leistungs-sufe	Zeitstufen in Monaten	Trainings-sytem	Trainings-häufigkeit pro Woche	Übungen pro Mus-kelgruppe	Sätze pro Übung	Intensität in % (ILB-Tests)
Starter	0 - 1,5	GK	2	1-2	1-2	Gering
Beginner	1,5 - 12	GK	2-3	1-2	2	50-70
Fortge-schrittener	>12	GK/ Split	3-4	1-3	2-3	70-90
Profi	>36	GK/ Split	3-6	1-4	2-4	70-100

3.4 Begründung der Organisationsform

Da die Kundin 3 Trainingseinheiten pro Woche absolvieren kann, wurde ein Ganzkör-
perkrafttraining ausgewählt. Damit soll erzielt werden, dass alle Hauptmuskelgruppen
gleichmäßig trainiert werden können und somit ein gleichmäßiger Muskelaufbau am gesamten Körper stattfinden kann. Ein Spilttrainig wird nicht gewählt, da es sein kann,
dass eine Trainingseinheit aus zeitlichen Gründen nicht stattfindet. Dies wäre bei einem
Splittraining nicht vorteilhaft, da das Trainingsziel nicht optimal erreicht werden kann,
da durch ein Ausfall die jeweilige Muskelgruppe nicht trainiert wird.

3.5 Begründung der Periodisierung

Eine Periodisierung beschreibt generell die gezielten Verbesserungen der Trainings-
struktur (Fröhlich et al., 2009, S. 308). Innerhalb des gesamten Makrozyklus findet eine
lineare Periodisierung auch Blockperiodisierung genannt statt. Von Meso- zu Mesozyklus werden die Intensitäten progressiv gesteigert, während die Wiederholungszahlen
reduziert werden. Für die Kundin ist diese Art von Periodisierung optimal, da es inhalt-
lich abwechslungsreich ist, was die Motivation fördert und die Zielerreichung fördert,
da die Kundin von Mesozyklus zu Mesozyklus an höhere Intensitäten gewöhnt wird
(Eifler & Fikenzer, 2013, S. 234).

4 Teilaufgabe 4 – Mesozyklus

4.1 Darstellung des Mesozyklus

Tab. 7: Mesozyklus (eigene Darstellung).

	Mikrozyklus I	Mikrozyklus II	Mikrozyklus II	Mikrozyklus IV	Mikrozyklus V	Mikrozyklus VI
Dauer	1 Woche	1 Woche	1 Woche	1 Woche	1 Woche	1 Woche
Trainingsmethodik	Hypertrophietraining	Hypertrophietraining	Hypertrophietraining	Hypertrophietraining	Hypertrophietraining	Hypertrophietraining
Organisationsform	Ganzkörpertraining	Ganzkörpertraining	Ganzkörpertraining	Ganzkörpertraining	Ganzkörpertraining	Ganzkörpertraining
Häufigkeit/ Woche	3	3	3	3	3	3
Übungen/ Muskel	1-3	1-3	1-3	1-3	1-3	1-3
Sätze/ Übungen	2	2	2	2	2	2
Intensität	70% ILB	75% ILB	80% ILB	85% ILB	85% ILB	90% ILB
Wiederholungen	12	12	12	12	12	12
Satzpause	60 Sekunden	60 Sekunden	60 Sekunden	60 Sekunden	60 Sekunden	60 Sekunden
Bewegungstempo	2/0/2	2/0/2	2/0/2	2/0/2	2/0/2	2/0/2

4.1.1 Übungsauswahl

Tab. 8: Übungsauswahl (eigene Darstellung).

Muskelgruppe	Übung
Beine	1. Kniebeuge breit mit der Langhantel
Beine	2. Ausfallschritte mit der Langhantel
Rücken	3. Latziehen am Kabelzug zur Brust mit breitem Griff
Rücken	4. Rudern eng am Kabelzug V-Griff
Rücken	5. Kreuzheben mit Langhantel
Brust	6. Flachbankdrücken mit der Langhantel
Schulter	7. Frontrudern mit der Langhantel im breiten Griff
Bauch	8. Seitstütz mit Rotation und Kurzhantel
Bauch	9. Rumpfbeugen an der Bauchmaschine

4.2 Begründung des Mesozyklus und der Übungsauswahl

Alle Übungen werden möglichst frei ausgeführt, da die Kundin bereits zwei Jahre Krafttrainingserfahrung hat und somit die Übungen ohne Probleme richtig ausführen kann. Der Schwerpunkt liegt hauptsächlich auf freien Übungen, da somit der koordinative Anspruch höher ist und mehrere Muskelgruppen bei einer Übung beansprucht werden, als bei einem geführten Maschinentraining. Außerdem besteht bei einem Krafttraining mit freien Gewichten ein höherer Transfer auf Alltags- und Berufssituationen. Des weiteren wurden bewusst mehrgelenkige Übungen gewählt, damit während dem Training Zeit gespart wird.

Der Trainingsplan beginnt mit freien breiten Kniebeugen, welche mit der Langhantel durchgeführt werden. Diese Übung wurde zu Beginn ausgewählt, da es eine komplexe Beinübung ist, die zum einen einen hohen koordinativen Anspruch erfordert und zum anderen fast den kompletten Körper beansprucht. Daraufhin folgen Ausfallschritte mit der Langhantel, da nur durch eine Beinübung die Beinmuskulatur noch nicht völlig ausgelastet ist. Bei den Ausfallschritten werden sämtliche Beinmuskeln beansprucht, ohne dabei die gleiche Bewegungsform wie bei den Kniebeugen zu absolvieren. Die Beinmuskulatur ist eine wichtige Muskelgruppe, da diese den größten Teil des Körpers ausmachen, was nützlich bei der Zielsetzung der Testperson ist. Primär wird mit den Ausfallschritten die Gesäßmuskulatur sowie der Beinstrecker trainiert. Nachrangig wird der Beinbeuger, also die hintere Oberschenkelmuskulatur trainiert. Als dritte Übung wurde der Latzug zur Brust mit dem breiten Obergriff am Kabelzug gewählt, da zum einen der Rücken, sowie die Armbeugemuskulatur gestärkt wird und zum anderen durch den Kabelzug eine höherer koordinativer Anspruch entsteht. Die Alternative zu dem Latzug am Kabelzug wäre der breite Klimmzug, jedoch fehlt für diese Übung die benötigte Kraft. Daraufhin folgt das enge Rudern am Kabelzug mit dem V-Griff. Diese Übung wurde ausgewählt, um den oberen Rücken zu komplettieren. Bewusst wurde die Übung am Kabelzug gewählt, anstelle von Kurzhanteln, da hier das Training beidhändig absolviert werden kann, was Zeit spart und immer noch einen relativ hohen koordinativen Anspruch bietet. Alternativ dazu könnte das enge vorgebeugte Langhantelrudern durchführt werden, jedoch beansprucht diese Übung auch die Bein- und Gesäßmuskulatur, welche zuvor durch zwei Übungen belastet wurde und auch beim Kreuzheben mit der Langhantel aktiv am Bewegungsablauf beteiligt ist. Das Kreuzheben mit der Langhantel wurde als fünfte Übung ausgewählt, da diese Übung den gesamten Rumpf beansprucht, was gut für die Bekämpfung der Rückenbeschwerden der Testperson ist. Außerdem stellt das Kreuzheben durch den freien Bewegungsablauf eine alltagsnahe Situation dar. Theoretisch betrachtet, müsste das Kreuzheben als erste Rückenübung durchführt werden, da die Bewegungsausführung die komplexeste von den drei Rückenübungen ist. Jedoch wurde sie bewusste an das Ende der Rückenübungen gestellt, da bei den ersten beiden Übungen des Trainingsplans die Bein- und Gesäßmuskulatur belastet wurden und diese aktiv an dem Bewegungsablauf bei dem Kreuzheben beteiligt sind. Dadurch, dass zwischen dem Kreuzheben und den beiden Beinübungen zwei andere Übungen stattfinden, hat die Bein- und Gesäßmuskulatur genug Zeit, um sich zu erholen. Bei der nächsten Übung Flachbankdrücken mit der Langhantel werden primär der Brustmuskel und der Trizeps trainiert. Durch die Körperspannung wird außerdem der gesamte Rumpf beansprucht. Das Frontrudern mit der Langhantel im breiten Griff wird als Gegenbewegung zum breiten Latzug gewählt und beansprucht sowohl den Kapuzenmuskel, als auch den seitlichen Teil des Deltamuskels. Durch den Bewegungsablauf wird ebenfalls der Rumpf gestärkt. Daraufhin folgt der seitliche Unterarmstütz mit einer Rotation im Oberkörper. Bei dieser Übung werden als Hilfsmittel die Kurzhanteln verwendet, um die Intensität zu steigern. Diese Übung stabilisiert den gesamten Rumpf, was hilfreich bei der Bekämpfung der Rückenschmerzen der Testperson ist. Der Trainingsplan endet mit einer Bauchübung an der Bauchmaschine. Hier wurde bewusst eine maschinengeführte Übung gewählt, da die Intensität durch die Veränderung des Gewichtes besser bestimmt werden kann.

5 Teilaufgabe 5 – Literaturrecherche

5.1 Studie 1

Tab. 9: Auswertung der Studie „Effekte maschinengestützten Krafttrainings
in der Behandlung chronischen Rückenschmerzes" (eigene Darstellung).

Titel	Effekte maschinengestützten Krafttrainings in der Behandlung chronischen Rückenschmerzes
Autor(en) der Studie	Stephan A., Goebel S., Schmidtbleicher D.
Jahr	2011
Versuchspersonen	Trainingsgruppe: 58 Teilnehmer (53,4% Frauen) Kontrollgruppe: 16 Teilnehmer (62,5% Frauen)
Versuchsaufbau	Die Untersuchung findet 6 Monate statt. Die Teilnehmer, welche zum größten Teil unter Rückenbeschwerden leiden, wurden über die Medien geworben. Die Aufgabe der Trainingsgruppe bestand darin, ein progressives Hypertrophie orientiertes Ganzkörperkrafttraining an Trainingsmaschinen mit unterschiedlichem Widerstand zu absolvieren. In den ersten drei Trainingseinheiten fand eine Einweisung durch qualifiziertes Personal statt. Die Kontrollgruppe bekam während der 6 Monate keine Trainingsmaßnahme. Zur Messung wurden Schmerzskalen verwendet. Außerdem wurde eine Maximalkraftmessung der Lumbalextensoren durchgeführt (Stephan, 2011, S. 70).
Ergebnisse und Schlussfolgerungen	Krafttraining kann bei der Behandlung von Rückenbeschwerden eine positive Auswirkung haben. 20 Personen der Trainingsgruppe gaben am Ende der Intervention an keine Schmerzen mehr zu haben, in der Kontrollgruppe waren es 6 Personen (Stephan, 2011, S. 71). „Ein selbstständiges Ganzkörperkrafttraining mit einer Trainingsfrequenz von 6 -mal im Monat eignet sich für Personen mit chronischem Rückenschmerz im Anfangsstadium, um das Schmerzniveau zu senken, das Beeinträchtigungserleben zu reduzieren, körperliche Inaktivität zu überwinden und Kraft aufzubauen" (Stephan, 2011, S. 73).

5.2 Studie 2

Tab. 10: Auswertung der Studie „Krafttraining bei chronischen lumbalen Rückenschmerzen" (eigene Darstellung).

Titel	Krafttraining bei chronischen lumbalen Rückenschmerzen.
Autor(en) der Studie	Goebel S., Stephan A., Freiwald J.
Jahr	2005
Versuchspersonen	Medizinische Kräftigungstherapiegruppe (MKT-Gruppe): 69 Personen Kontrollgruppe: 33 Patienten eines betriebsärztlichen Zentrums sowie aus vier orthopädischen Arztpraxen
Versuchsaufbau	Eingesetzt wurden Fragebögen mit Items zu den Themen Subjektive Gesundheit, Funktionskapazität Rücken, Einschätzung Rückenschmerz, Einschätzung der Arbeitsfähigkeit und Angaben zu Krankheitskosten. Die MKT-Gruppe absolvierten im Rahmen der Untersuchung durchschnittlich zwölf Behandlungseinheiten (Goebel, 2005, S. 389-390).
Ergebnisse und Schlussfolgerungen	13% der MKT-Gruppe waren nach dem Evaluationsjahr schmerzfrei. Die MTK-Gruppe weist in allen Fragebögen bessere Ergebnisse auf, im Gegensatz zu der konventionell Behandelten Kontrollgruppe. Diese Verbesserung kann auf ein höheres Kraftniveau der lumbalen Rückenmuskulatur zurückgeführt werden. Somit ist durch das Krafttraining ein signifikanter Kraftzuwachs und eine signifikante Schmerzreduktion gegenüber der Kontrollgruppe zu erkennen (Goebel, 2005, S. 391-392).

6 Literaturverzeichnis

Goebel S., Schmidtbleicher D. & Stephan A. (2011). Effekte maschinengestützten Krafttrainings in der Behandlung chronischen Rückenschmerzes. *Deutsche Zeitschrift für Sportmedizin, 62*(3). Verfügbar unter: http://www.zeitschrift-sportmedizin.de/fileadmin/content/archiv2011/heft03/pdf_3_2011/originalia_stephan_01.pdf Letzter Zugriff am 30.06.2016.

Eifler C. & Fikenzer S. (2013). Effekte verschiedener Periodisierungsformen im fitnessorientierten Krafttraining. *Deutsche Zeitschrift für Sportmedizin, 64* (7-8), 234. Verfügbar   unter: http://www.zeitschrift-sportmedizin.de/fileadmin/content/archiv2013/Heft_7_8/42_abstract_129_160.pdf Letzter Zugriff am 07.07.2016.

Emrich E., Frohlich M., Muller, T. & Schmidtbleicher, D. (2009). Outcome-Effekte verschiedener Periodisierungsmodelle im Krafttraining. *Deutsche Zeitschrift für Sportmedizin, 60*(10), 307-314. Verfügbar unter: http://www.zeitschrift-sportmedizin.de/fileadmin/content/archiv2009/heft10/gisa-pdfe/originalia_froehlich_1009.pdf Letzter Zugriff am 07.07.2016.

Freiwald J., Goebel S. & Stephan A. (2005). Krafttraining bei chronischen lumbalen Rückenschmerzen.

Ergebnisse einer Längsschnittstudie.*Deutsche Zeitschrift für Sportmedizin, 56*(11), 388-392. Verfügbar unter: http://www.zeitschrift-sportmedizin.de/fileadmin/content/archiv2005/heft11/388-392.pdf Letzter Zugriff am 30.06.2016.

http://kraftsport.de/die-individuelle-leistungsbild-methode-auch-ilb-methode/ Letzter Zugriff am 10.07.2016.

http://www.onmeda.de/herz_kreislauf/blutdruck-blutdruckwerte-und-blutdrucktabelle-14531-4.html Letzte Zugriff am 12.07.2016.

7 Tabellenverzeichnis

BEI GRIN MACHT SICH IHR WISSEN BEZAHLT

- Wir veröffentlichen Ihre Hausarbeit, Bachelor- und Masterarbeit

- Ihr eigenes eBook und Buch - weltweit in allen wichtigen Shops

- Verdienen Sie an jedem Verkauf

Jetzt bei www.GRIN.com hochladen und kostenlos publizieren